D0681757

WITHDRAWN
From Toronto Public Library

Band 3 der Reihe RTB Gedichte,
herausgegeben von Uwe-Michael Gutzschhahn

Christoph Meckel, geb. 1935 in Berlin, lebt dort und in
Südfrankreich. Veröffentlichte – neben zahlreichen Pro-
sabänden und einem Roman – ca. 8 Gedichtbände für
Erwachsene, außerdem einige Kinderbücher, u.a. „Die
Geschichte der Geschichten" (mit Bildern von Lilo
Fromm) und „Wer viel fragt, kriegt viel gesagt" (mit
Texten von Alfons Schweiggert). Über seine schriftstel-
lerische Arbeit hinaus hat Meckel zahlreiche Grafik-
zyklen und Bücher mit Zeichnungen veröffentlicht.
Für seine literarische Arbeit wurde er u.a. mit dem
Rilkepreis und dem Ernst-Meister-Preis ausgezeichnet.

Christoph Meckel

PFERDEFUSS

Gedichte

Mit 15 Zeichnungen
des Autors

Otto Maier Ravensburg

FAULPELZ

Der kleine Kerl auf seinem Hühnerbein
läßt im Zweifelsfall die Arbeit sein.
Der Zweifelsfall tritt aber immer ein.
Laßt doch den Kerl auf seinem Hühnerbein!

LANGNASES LIED

Und ob du meiner Nase lange Nase machst
ob du mir Zunge zeigst und mich verlachst – o lang
ist meine Nase, meine Nase ist lang
und immer lang bleibt meine lange Nase.
Ja, ellenlang ist meine Nase Nase,
sie wird dir noch im Weg sein, wenn du stirbst
und meine Nase dir gleich sein kann – o lange Nase!
Lebenslange Nase, meine Nase!
Alle Nas lang Ärger mit langer Nase!
Ja wahrhaft lang ist meine lange Nase!

UND DU?

Die Schnecke
hat ein Haus
ohne Fenster,

der Wiedehopf
eine Feder
ohne Hut,

der Teufel
einen Pferdefuß
ohne Pferd,

und was hast du?

SCHWARZTIER

Ich habe ein schwarzes Pferd
was soll ich sagen
das frißt keinen Hafer

das trägt keinen Reiter
und steht nachts im Regen
es zieht keinen Wagen

es scheucht keine Fliegen
und kehrt mir den Rücken
vielleicht schon im Sterben

Ich habe ein schwarzes Pferd
und teile sein Leben
was soll ich noch sagen

was könnte ich sagen
damit man mein Schwarztier
läßt leben, uns beide.

SINGTIER

Hörst du,
das ist die Grille,
kleines Singtier,
du hörst die Stimme
und kennst den Namen,
einmal ist sie fort,
zuerst für den Tag
und die Nacht,
danach für immer,
dann weißt du den Namen
und kennst den Ton
unter vielen
und kannst davon
ein Liedchen singen.

DIE BÄREN

Ich kaufte mir Wälder voll Bären
nicht um die Wälder zu haben
sondern die Bären.

Ich kaufte mir Wälder und Bären
weil, ohne Wälder, Bären
nicht zu kaufen waren.

Was nützte es, Bären zu haben
und ihnen Kleider zu nähen
und sie das Tanzen zu lehren –
was nützten mir Bären
wenn sie nicht aus den Wäldern kamen.

Ich lief um die Wälder
und rief meine Bären
Gcbrumm meiner Bären nur kam aus den Wäldern.

Vertriebe ich meine Wälder
um nur noch Bären zu haben
zögen davon mit den Wäldern auch meine Bären,

jagte ich meine Bären
um ihre Pelze zu haben
stürzten und welkten zur Stund auch meine Wälder.

Ich hatte Wälder
ich hatte Bären
ich hatte weder Bären noch Wälder.

Ich jagte meine Bären
verfeuerte meine Wälder
ich briet meine Bären
und aß sie auf ohne Hunger.

UNTERWEGS

Bin, was das Zeug hält
unterwegs im Karren
alles eingepackt
und nichts vergessen
Mäuse Mottenkisten
Brotmehl Sägmehl
aber dem Hund fehlt ein Bein
wir kommen später
bitte die Ankunft zu beachten
das Gartentor zu öffnen
und nicht zu schließen
bringen ein Bäumchen mit
oho ein Bäumchen
Wurzeln unten
Blätter oben
Kirschen, Kirschen

DIE KRÄHE

Ich sah den Dichter
in seinem Haus, er hatte
eine Krähe geschlachtet und aß sie hungrig,
ich sah ihn satt in einen Sessel sinken
und eine Strophe schreiben seines großen
Gedichtes, das da heißt:
Das Herz der Krähe.

Ich sah den Dichter
in seinem Hause, nachts
schreiben und schreiben vom Herz der Krähe Krähe
krächzend, mit krummen Fingern, satt vom Fleisch
der Krähe Krähe
von Zeit zu Zeit mit langen Armen
wie mit Flügeln schlagend
Krähe Krah.

Ich sah den Dichter
in seinem Hause, Krah
krächzend, mit Krähenkrallen, satt von Krah
und Krähe Krähe
krächzen und krächzen vom Herz der Krähe Krähe
von Zeit zu Zeit mit Krähenflügeln
wie mit langen Armen schlagend
Krah.

Ich sah die Krähe
Krähe Krähe Krah
krächzen Krah und krächzen Krähe Krähe
Verse Krah und Verse Krähe Krähe
von Zeit zu Zeit mit Krähenflügeln
Krähenflügeln schlagend
Krähe Krah.

Ich sah die Krähe
Krähe Krähe Krah
krächzen Krah und krächzen Krah und Krähe
sah die Krähe
Krähe Krähe Krah
krächzen krächzen Krah und Krah und Krähe
sah die Krähe
Krähe Krähe
Krähe

MÄUSEJAGD

Ich rannte durch das leere Haus
und jagte Maus um Maus um Maus
mit Schlegel Flegel Stock Zerzaus
und schröpfte sie mit Schwanz und Flaus.

Es saßen Katzen vor dem Haus
die sangen ohne End von drauß:
Die Maus garaus! Die Maus garaus!
Nun kommt die Ratte in das Haus!

DIE MAUS

Nachdenklich ist die Maus
sehr nachdenklich
kaut an den Barthaaren
still, denkt nach
das ist doch ein Märchen
wie soll ich wissen, was sie denkt
worüber denkt sie denn nach
sag mir: was denkt sie
von Staub, Korn und Gras
Wasser und Wurzel
Fell und Winter
Falle Falle, Mäuse alle
Katze und Speck, Maus ist weg
was denkt sie vom Mausen
und woran stirbt sie
muß sie denn sterben
tröste sie mit guten Körnern
sag ihr, daß sie aufersteht

KATZE

Hat die Katze
den Vogel gefressen.

Hat sie sich nicht in ihn
verwandeln wollen.

Alles geht schief.

GOLDFISCH

Seit ich den Mond und das Wasser liebe,
lebt ein Goldfisch in meinem Haar,
das verblüfft mich, und ich bemerke,
daß das bei keinem anderen Menschen
der Fall ist.

Seither bin ich durch viele Flüsse geschwommen,
aber das Wasser sagte ihm nicht zu,
ich bot ihn dem Mann im Mond als Geschenk,
doch er weigerte sich, im Licht der Sterne
zwischen den Wolken und Vögeln zu schwimmen,
ich führte ihn an das Rote Meer,
aber er besteht darauf,
in der Dämmerung meines Haars zu altern.

Ich werde ihn weitertragen,
bis seine Schuppen bröckeln,
bis er schwarz wird
und tot in eine graue Pfütze fällt.

Als ich nach Hause kam

Als ich nach Hause kam,
traf ich einen Matrosen in meinem Zimmer,
der mit einem Kahn auf dem Schrank gelandet war
und sich bemühte, herunterzukommen –
den Grund seines Hierseins konnte er nicht erklären.

Gestern überraschte ich eine Ziegenherde,
die die Zotteln meiner Teppiche anfraß,
vorgestern einen Chinesen,
der meine Garderoben anprobierte und vorgab,
die Treppe nicht gefunden zu haben.

Wenn morgen ein Kranichzug ins Fenster fliegt,
dann ist das nicht seltsamer, als wenn übermorgen
ein Elefant kommt und mich bittet, ihn abzuwaschen.
Ähnliches wiederholt sich in den Nächten.
Ich werde das Zimmer aufgeben.

DIE MÄRCHEN

1. Die Hinrichtung der Märchen

Aufgesessen, sag ich, und ab eurer Wege!
Gebt die Sporen und laßt den Hund von der Leine,
wetzt eure Messer scharf und stimmt eure Schellen,
der Fisch mit dem Flügel, sag ich, der ist's,
den nehmt euch vor, der ist's, der Fisch mit dem Flügel!
Und aufgesessen, sag ich, und ab eurer Wege!
Knotet die Peitschen, laßt den Hund von der Leine,
zückt eure Schleudern und Pfeile, spannt eure Bogen
und nehmt eure Herzen zur Hand:
                    Der Fisch mit dem Flügel,
der ist's, den steinigt, sag ich, den Fisch mit dem Flügel

2. Die Wiederkehr der Märchen

Ihr toten Märchen, schlagt die Augen auf,
erheb dich, Engel, lahme Mähre, lauf!
Flieg, Vogel, flieg, und Fisch, trau dich hervor –
der Waschbär tollt, der Esel stellt das Ohr,
die toten Hähne laufen ohne Kopf,
der Tiger schleift den Henkersknecht am Schopf,
der Hundsfischgeist rennt alle Mauern um,
die Wale türmen rauschend, Trumm an Trumm,
die Maulwurfshügel öffnen sich wie Krater,
der Wind sucht seinen Sohn, der Mond den Vater,
die Schaukelpferde schwenken mit den Kufen,
der Kuckuck singt, der Lahme klettert Stufen,
die Zinnsoldaten humpeln zur Parade,
der Elefant biegt seine Knochen grade,
die alten Engel greifen zu den Krücken,
und ihre Schatten rotten sich zuhauf,
Schneekönig reißt das Messer aus dem Rücken –
du totes Märchen, aufersteh und lauf
bis an den Weltrand schmerzlich und verschnauf!

MEIN RAUM

Was mach ich mit meinem Raum?
Ich setze in ihn Strauch und Baum
und füll ihn mit Wolke und Meer,
doch bleibt er zur Hälfte mir leer.
Ich treibe in ihn Rauch und Schnee.
Das schwindet, bevor ich es seh.
Ich hole mir Donner und Wind.
Wind, Donner verrollt und verrinnt.
Und such ich ihm Himmel und Licht
und Schatten, sie füllen ihn nicht.
Ich trage ihm Steine zu. Kaum
erkennbar nur füllt sich mein Raum –
So geb ich, der Mühe genug,
den Rest einer Schwalbe zum Flug.

LIED AUS DER UHR

Was tun? Ich knacke meine Läus
und sitze tief im Uhrgehäus
und zähle zähl mit stummem Mund
wie Stunde knüpft an schwarze Stund;
ich fände eine Lücke gern,
durch die ich zeitquer schlupfen könnt,
und krauchte durch die Lücke fern,
wo Laus und Flaus nicht hupfen könnt,
und leichte Wolke zög mich fort
ins graue Licht Imaginär,
nur leere Uhrenkästen dort
und keine große Glocke mehr,
nur leere Uhrenkästen dort,
ich wohnte im Gehäuse leer
und schnarchte bald zum besten dort
und knackte keine Läuse mehr.

Lirum larum

Ich weiß nicht
weiß nicht
was soll es bedeuten
lirum larum
rufe es hierum
hörte es läuten
sag es darum.

Lirum larum
buchstabier mir
das ABC
hierum darum
larum lirum
worum warum
weiß ich nicht: wierum
laufen die Füße
im Schnee.

Ich weiß nicht
weiß nicht
was soll es bedeuten
fußkalt im Schnee
lirum lorum
warum darum
hörte es läuten
weiß ich nicht: worum
dreht sich das ABC.

Ich weiß nicht
weiß nicht
was soll es bedeuten
lirum larum
rufe es hierum
hörte es läuten
sag es darum.

KORKEN

Wo ist der Korken
vom Fläschchen
der Korken
vom Fläschchen
was hast du gemacht
mit dem Fläschchen
und wo ist der Korken
du hast das Fläschchen
kaputtgemacht
und wo ist der Korken

MEER

Gestern fanden wir
das Meer im Wasser
heute ruhen wir aus
aber morgen
werden wir das Meer
in den Bergen finden.

Niemand erfährt es
außer Gott,
er ist nicht da.
Weit und breit allein
wir sind allein
mit dem Meer.

Im Schiff aus Stein
sind wir über Wasser
weit und breit allein
auf dem Meer
und rufen:

Heute ruhen wir aus
aber morgen
werden wir das Meer
in der Wolke,
zuletzt das Meer
in der Sonne finden!

BLAU

Ich jedenfalls
geh auf die Berge
und suche nach Seemannshemdchen*
im Regen, im Regen

hat ein Matrose
eins hängengelassen
im schönen stürmischen Jenseits
für dich.

*Seemannshemdchen: ein Wolkenloch

WIRD KOMMEN

Wird es kommen?
Es wird kommen.

Bringt es was mit?
Es bringt nichts mit.

Wie lange bleibt es?
Es geht nicht wieder.

Was geschieht mit ihm?
Ihm geschieht nichts.

Wo sollen wir bleiben?
Wir bleiben nirgend.

Weiß es, was es tut?
Es weiß, was es tut:

Es wird kommen
es bringt nichts mit
es geht nicht wieder
und ihm geschieht nichts.

Reihenfolge der Gedichte

Reihenfolge der Bilder

Quellen

Die Gedichte „Die Bären", „Mäusejagd"
und „Lied aus der Uhr" wurden dem im
S. Fischer Verlag erschienenen Band „Wildnisse"
von Christoph Meckel entnommen.
© 1962 S. Fischer Verlag, Frankfurt

Die Gedichte „Katze" und „Korken" wurden dem
im Carl Hanser Verlag erschienenen Band
„Plunder" von Christoph Meckel entnommen.
© 1986 Carl Hanser Verlag, München

Das Gedicht „Die Maus" wurde dem im Verlag
Eremiten-Presse erschienenen Band
„Das Buch Jubal" von Christoph Meckel entnommen.
© 1987 Verlag Eremiten-Presse, Düsseldorf

Wir danken den Verlagen für die freundliche
Genehmigung zum Abdruck der Gedichte.

Originalausgabe
als Ravensburger Taschenbuch Band 1674,
erschienen 1988
© 1988 Ravensburger Buchverlag Otto Maier GmbH

Die Rechte an den Gedichten „Die Bären",
„Mäusejagd", „Die Maus", „Katze", „Lied aus der Uhr" und „Korken"
liegen bei den oben unter „Quellen" aufgeführten Verlagen.

Umschlagzeichnung: Christoph Meckel

Alle Rechte vorbehalten durch
Ravensburger Buchverlag Otto Maier GmbH
Satz: E. Weishaupt, Meckenbeuren
Druck und Verarbeitung: J. C. Huber KG, Dießen
Printed in Germany

5 4 3 2 1   92 91 90 89 88

ISBN 3-473-51674-0